INHALT

Rezepte für den Thermomix

Afrikanische Gemüsesuppe

(1 Person) pro Person: 2 *.

ZUTATEN:

1 Zwiebel
1 große Kartoffel
1 Karotte in Scheiben
2 Tomaten in Spalten
100 g Okraschoten o. grüne Stangenbohnen
1/8 Kopf Weißkohl in Streifen
300 ml Gemüsebrühe (2 TL Instant)
1 TL Erdnusscreme
Salz, Cayennepfeffer
Zitronenmelisse

ZUBEREITUNG:

Zwiebeln und Kartoffeln schälen, würfeln und in den Garkorb geben und zerkleinern. Die Karotten waschen, putzen und in Scheiben schneiden. Die Tomaten vierteln. Die Enden der Bohnen abschneiden und halbieren und in den Varoma® geben. Den Weißkohl in Streifen schneiden und in den Garkorb geben. Die Gemüsebrühe in den Mixtopf geben den Garkorb einhängen, Varoma aufsetzen **20 Min./Varoma®/Stufe 2** garen. Suppe mit Erdnusscreme, Salz und Pfeffer abschmecken. Und mit Zitronenmelisse bestreut garnieren.

Artischockensuppe

(2 Personen) pro Person: 3 *.

ZUTATEN:

4 Schalotten
2 TL Pflanzenöl
800 ml Gemüsebrühe (3 TL Instant)
1 Dose Artischockenherzen
2 Kartoffeln
2 TL Weißweinessig
Salz, Pfeffer
1 TL Zucker
1 EL Schmand
1 TL geröstete Mandelblättchen

ZUBEREITUNG:

Schalotten **10 Sek./Stufe 6** zerkleinern. Pflanzenöl zufügen **1 Min./100 °C/Stufe 3** andünsten. Mit Gemüsebrühe auffüllen, Artischockenherzen abtropfen lassen, in Stücke schneiden. Einige zurückbehalten. Restliche in den Mixtopf geben. Kartoffeln schälen in Stücke schneiden und in den Mixtopf geben und **20 Min./Varoma®/Stufe 2** garen. Dann **10 Sek./Turbo** pürieren. Weißweinessig, Salz, Pfeffer, Zucker und Schmand einfüllen und **2 Min./ohne Wärme** laufen lassen. Artischockensuppe mit Mandelblättchen bestreut servieren.

(4 Personen) pro Person: 1,5 *.

Basilikum Suppe

ZUTATEN:

1 Bund Lauchzwiebeln
2 TL Pflanzenöl
1 TL Mehl
250 ml fettarme Milch
600 ml Gemüsebrühe
1 Bund Basilikum
(bis auf einige Blätter)
4 Tomaten in Würfel
4 EL saure Sahne
Salz, Pfeffer

ZUBEREITUNG:

Lauchzwiebeln in Ringe schneiden und in den Mixtopf geben, Pflanzenöl dazu und **3 Min./100 °C/Stufe 2** andünsten. Mehl, Milch, Gemüsebrühe und Basilikum in dem Mixtopf und alles **10 Sek./Turbo** pürieren. Tomaten in Würfel schneiden, saure Sahne dazugeben und **2 Min./Stufe 2** mixen. Mit Salz und Pfeffer abschmecken. Restliches Basilikum drüberstreuen.

für die ganze Suppe: 5 *.

Blumenkohl-Käse-Suppe

ZUTATEN:

½ Bund Petersilie
2 Zwiebeln
1 TL Pflanzenöl (1 *)
1 Blumenkohl (ca. 600 g), in Stücken
700 g Wasser
3 TL Gemüsebrühe (Instant)
½–1 TL Salz
1 Pr. Pfeffer · 2 Pr. Muskat
100 g Schmelzkäse, 25% (4*.)
gehackte Petersilie

ZUBEREITUNG:

Petersilie in den Mixtopf geben, **5 Sek./Stufe 8** zerkleinern und in eine Schüssel umfüllen. Zwiebeln in den Mixtopf geben, **3 Sek./Stufe 5** zerkleinern. Öl hinzufügen und **2 Min./Varoma®/Stufe 1** andünsten. Blumenkohl dazugeben und ca. **3 Sek./Stufe 5** zerkleinern. Wasser, Brühe, Salz, Pfeffer und Muskat zugeben und **15 Min./100 °C/Stufe 1** garen. Schmelzkäse zugeben und die Suppe **20 Sek./Stufe 10** pürieren. Gehackte Petersilie **5 Sek./Stufe 3** unterrühren.

Champignonsuppe

(2 Personen) pro Person: 0 *.

ZUTATEN:

2 Zwiebeln
500 g Champignons
(einige zurückbehalten)
1 Bund Petersilie
(etwas beiseitelegen)
1 l Gemüsebrühe instant
Salz & Pfeffer

ZUBEREITUNG:

Zwiebeln im Stück, halbierte Champignons und 1 Bund Petersilie gezupft in den Mixtopf **10 Sek./Stufe 5** zerkleinern. Gemüsebrühe dazugeben **20 Min./90 °C/Stufe 2** kochen. Mit Salz, Pfeffer abschmecken. Mit den restlichen Champignons in Scheiben und der restlichen Petersilie garnieren und servieren.

Curry-Suppe mit Äpfeln

(4 Personen) pro Person: 1 *.

ZUTATEN:

4 Äpfel
3 TL Butter
Currypulver
Salz
800 ml Gemüsebrühe (3 TL)
150 g Magermilch-Joghurt
Süßstoff

ZUBEREITUNG:

Äpfel vierteln und einige Spalten zurückbehalten den Rest würfeln, Butter in den Mixtopf geben und **4 Min./100 °C/Stufe 1–2** anbräunen. Currypulver, Salz und Gemüsebrühe dazugeben dann **10 Min./100 °C/Stufe 1** erwärmen. Joghurt dazugeben und kurz rühren lassen. Mit Süßstoff abschmecken. Suppe mit Apfelspalten und einem Curry-Joghurt-Klecks servieren.

Erbsensuppe mit Hähnchenstückchen

(2 Personen) pro Person: 5 *.

ZUTATEN:

1 Zwiebel
6 Kartoffeln
500 ml Gemüsebrühe Instant
180 g Hähnchenbrustfilet
2 EL Sojasoße
Salz & Pfeffer
120 g TK Erbsen
2 EL saure Sahne

ZUBEREITUNG:

Zwiebel pellen und in den Mixtopf geben und **5 Sek./Stufe 7** zerkleinern. Kartoffeln und Gemüsebrühe **20 Min./100 °C/Stufe 2** kochen. Zwischenzeitlich: Hähnchenbrustfilet in Stücke schneiden und in einer Pfanne kurz anbraten. Sojasoße dazugeben und mit etwas Salz und Pfeffer würzen. Erbsen zu den Kartoffeln und Gemüsebrühe in den Mixtopf geben und nochmal **10 Min./100 °C/Stufe 2** kochen. Saure Sahne dazu füllen und alles **30 Sek./Stufe 10** pürieren. Auf Teller anrichten und mit den Hähnchenstücken servieren.

Gaisburger Marsch

(1 Person) pro Person: 4 *.

ZUTATEN:

1 kl. Stück Rindfleisch (125g) in Stücken
500 ml Wasser
1 Karotte
1 Stange Bleichsellerie
1 Stange Lauch
in Scheiben schneiden
2 TL Gemüsebrühe
Salz & Pfeffer
1 EL gegarte Spätzle

ZUBEREITUNG:

Rindfleisch in den Garkorb geben. Wasser in den Mixtopf füllen und Garkorb einhängen und **10 Min./Varoma®/Stufe 1** kochen. Karotten, Sellerie und Lauch in den Mixtopf zum Fleisch geben und nochmals **10 Min./Varoma®/Stufe 2** garen. Garkorb entnehmen und in eine Schüssel umfüllen. Gemüsebrühe zufügen mit Salz und Pfeffer abschmecken – dazu Spätzle.

Geflügelwürstchen Kartoffelsuppe

(1 Portion) pro Person: 7 *.

ZUTATEN:

3 Kartoffeln
1 Bund Suppengrün
1 Hand voll Pilze
1 Knoblauchzehe
700 ml Wasser
1 EL Gemüsebrühe Instant
1 kalorienreduziertes Geflügelwürstchen

ZUBEREITUNG:

Kartoffeln schälen, würfeln und in den Garkorb füllen. Suppengrün putzen und würfeln, Pilze klein schneiden und beides in den Varoma® legen. Knoblauchzehe würfeln in den Varoma® geben. Wasser einfüllen, Deckel schließen Varoma® aufsetzen **25 Min./Varoma®/Stufe 2.** Varoma® entnehmen und beiseite stellen. Wasser bis auf 300 ml abschütten und Gemüsebrühe zufügen und **20 Sek./Stufe 8** pürieren. Dann nochmals kurz **Turbo**. Mit Salz, Pfeffer, Majoran, Thymian abschmecken. Geflügelwürstchen mit in den Varoma® legen.

Käse-Cremesuppe

(1 Person) pro Person: 3 *.

ZUTATEN:

1 mittelgroße Kartoffel
2 Karotten
250 ml Gemüsebrühe
3 EL Schmelzkäse 25% Fett (i. Tr.)
½ Glas von 2 cl trockenem Weißweinessig
1 TL Schnittlauchringe

ZUBEREITUNG:

Kartoffeln und Karotten in den Mixtopf geben und **30 Sek./Stufe 7** zerkleinern. Gemüsebrühe aufgießen und **10 Min./100 °C/Stufe 2** garen. Schmelzkäse und Weißweinessig einfüllen. Dann **20 Sek./Turbo** pürieren. Mit Salz, Pfeffer abschmecken und mit den Schnittlauchringen bestreuen.

Kerbel-Kartoffel-Cremesuppe

(1 Person) 4 *.

ZUTATEN:

3 mittlere Kartoffeln
1 Zwiebel
1 TL Pflanzenöl
250 ml Gemüsebrühe
3 Karotten in Stücken
125 ml fettarme Milch
4 TL gehackten Kerbel
Salz & Pfeffer

ZUBEREITUNG:

Kartoffeln, Zwiebel und Karotten **10 Sek./Stufe 5** zerkleinern, Pflanzenöl zufügen und alles **3 Min./100 °C/Stufe 2** andünsten. Mit Gemüsebrühe auffüllen und **10 Min./Stufe 2** kochen. Milch in den Mixtopf füllen (Linkslauf) **3 Min./Stufe 2** weiter garen. Hälfte der Suppe entnehmen und die andere Hälfte auf **Turbo** pürieren. Beides zusammen schütten und mit Kerbel, Salz und Pfeffer würzen.

Melonen Suppe

(2 Personen) pro Person: 1 *.

ZUTATEN:

1 Honigmelone
1 Galiamelone
4 EL Frischkäse (30% Fett i. Tr.)
Saft von 1 Limette
4 EL Mineralwasser
Salz & Pfeffer
einige Spritzer Chilisoße
1 rote Paprika

ZUBEREITUNG:

Honigmelone, Galiamelone, Frischkäse, Limettensaft, Mineralwasser und Gewürze in den Mixtopf geben und alles **10 Sek./Turbo** pürieren. Paprika in kleine Würfel schneiden und **5 Sek./Stufe 1** oder **LL** einrühren.

Nudel-Paprika-Suppe

(4 Personen) pro Person: 2 *.

ZUTATEN:

3 Zwiebeln
3 rote & 3 grüne Paprikaschoten
1 TL Pflanzenöl
Salz & Pfeffer
Paprikapulver
1000 ml Gemüsebrühe
140 g Suppennudeln

ZUBEREITUNG:

Zwiebeln und Paprikaschoten **10 Sek./Stufe 5** zerkleinern, mit Öl **3 Min./100 °C/Stufe 2** andünsten und mit Salz, Pfeffer und Paprikapulver würzen. Mit Gemüsebrühe auffüllen, Suppennudel ins Garkörbchen und in den Mixtopf hängen. Jetzt alles **10 Min./100 °C/Stufe 2** kochen. Suppe nochmals pikant mit Salz, Pfeffer und Paprikapulver abschmecken und heiß servieren.

Rote Linsensuppe mit Curry-Croutons

(4 Personen) pro Person: 2,5 *.

ZUTATEN:

8 Tomaten
3 Zwiebeln
4 Karotten
120 g rote Linsen
2 TL Pflanzenöl
1000 ml Gemüsebrühe
2 Scheiben Toastbrot in Würfel
2 TL Currypulver
Salz & Pfeffer
Koriander & Schnittlauchringe

ZUBEREITUNG:

Zwiebeln und Karotten **3 Sek./Stufe 6** zerkleinern. Tomaten vierteln und mit den Linsen in den Mixtopf geben. Mit Öl **2 Min./90 °C/Stufe 2** andünsten. Brühe dazugeben und **10 Min./100 °C/Stufe 2** garen. Für die Curry-Croutons Toastbrot in Würfel schneiden, mit Currypulver bestreuen und in einer beschichteten Pfanne fettfrei anrösten. Die Suppe mit Salz, Pfeffer und Koriander abschmecken und mit Croutons sowie Schnittlauchringe bestreut servieren.

pro Person: 1 *.

Karottensalat

ZUTATEN:

250 g Babymöhren
1 TL Balsamico-Essig
(hell oder dunkel
1 TL Distel-Öl
1 kl. Bund frische Petersilie
½ TL Salz
Pfeffer aus der Mühle

ZUBEREITUNG:

Alle Zutaten in den Mixtopf geben und ca. **4–5 Sek./Stufe 5** mit Sichtkontakt mixen.

(2 Personen) pro Person: 3,5 *.

Leckerer Kartoffelsalat

ZUTATEN:

8 Kartoffeln
2 Karotten
100 g TK Erbsen
2 Zwiebeln
2 Tomaten
2 große Gewürzgurken
200 ml warme Gemüsebrühe Instant
Salz, Pfeffer & Süßstoff
2 EL Essig
8 TL Mayonaise

ZUBEREITUNG:

Kartoffeln schälen, in Scheiben schneiden und im Gareinsatz **30 Min./100 °C/Stufe 2** garen. Karotten klein schneiden in den Varoma® legen **25 Min.** mitgaren. Erbsen mit zugeben **18 Min.** mitgaren. Alles abkühlen lassen. Zwiebeln pellen und halbieren **3 Sek./Stufe 6** zerkleinern. Gurke und Tomaten in Stücke schneiden. Alles mit den gegarten Karotten, Erbsen und den in Scheiben geschnittenen Kartoffeln vermengen. Gemüsebrühe darüber gießen. Mit Salz, Pfeffer, Süßstoff und Essig abschmecken. Salat abkühlen lassen. Mayonaise zugeben und durchziehen lassen.

0,5 *.

Limetten-Joghurt Dip

ZUTATEN:

Saft von 1 Limette
150 g Magermilch Joghurt
Salz & Pfeffer,
Süßstoff, flüssig

ZUBEREITUNG:

Limettensaft und Joghurt in den Mixtopf geben und **10 Sek./Stufe 4** mixen. Mit Salz, Pfeffer und flüssigen Süßstoff abschmecken.

(4 Personen) pro Person: 2 *.

Mango-Sprossen-Salat

ZUTATEN:

1 Blattsalat
2 Chicorée
2 rote Paprikaschoten
2 kl. frische Mangos (400g)
200 g frische Sojasprossen
2 EL Kresse
2 kl. Zwiebeln
8 TL Sherry-Essig
4 TL Pflanzenöl
4 TL Sojasoße

ZUBEREITUNG:

Blattsalat in mundgerechte Stücke zupfen, Chicoree in Blätter teilen, Paprikaschoten in feine Streifen, Mango in dünne Spalten schneiden und alles mit Sojasprossen und Kresse in einer Schüssel mischen. Zwiebeln in den Mixtopf geben und **8 Sek./Stufe 4** zerkleinern. Sherry-Essig, Pflanzenöl und Sojasoße dazugeben und **10 Sek./Stufe 4** mischen. Mit groben Pfeffer abschmecken und über den Salat gießen.

Paprika-Chinakohl-Salat

(4 Personen) pro Person: 2 *.

ZUTATEN:

2 rote Paprikaschoten
1 gelbe Paprikaschote
1 Chinakohl
250 g gemischte Sprossen (Mungobohnen-, Alfalfa-, Radieschensprossen)
8 EL gehackte Petersilie
200 ml Gemüsebrühe,
4 TL Senf
8 EL Weißweinessig
8 TL Walnussöl
Salz, Pfeffer & Süßstoff

ZUBEREITUNG:

Paprikaschoten in Rauten, Chinakohl in Streifen schneiden und mit den Sprossen und der Petersilie in einer Schüssel mischen. Brühe mit Senf und Essig in den Mixtopf geben und **20 Sek./Stufe 4** mischen. Öl **10 Sek./Stufe 4** unterschlagen. Mit Salz, Pfeffer und Süßstoff abschmecken. Salat mit Dressing vermengen und servieren.

VARIO: Man kann auch alle Salatzutaten kurz im Mixtopf zerkleinern. Nur ein paar Sek./je Zutat, sonst wird's zu klein.

Salat Oriental

(4 Personen) pro Person: 3 *.

ZUTATEN:

500 g Kichererbsen
12 Tomaten
1 Bund Frühlingszwiebeln
1 Bund glatte Petersilie
1 Knoblauchzehe
250 g fettarmer Joghurt
3 TL Zitronensaft
1 Msp. Kardamom
1 Msp. Kreuzkümmel
Salz & Pfeffer
Süßstoff, flüssig

ZUBEREITUNG:

Kichererbsen (Konserve) abtropfen lassen. Tomaten in dünne Scheiben schneiden. Frühlingszwiebeln in Ringe schneiden. Petersilie **2x/Turbo** zerkleinern. Alles in einer Schüssel vermischen. Eine Knoblauchzehe grob hacken. Joghurt, Zitronensaft, Kardamom, Kreuzkümmel zugeben und in den Mixtopf geben und **10 Sek./Stufe 4** mischen. Mit Salz, Pfeffer und flüssigen Süßstoff abschmecken. Dressing über den Salat geben, kurz durchziehen lassen und servieren.

Salsa Dip

0 *.

ZUTATEN:

1 Fleischtomate
30 g eingelegte Paprika
3 EL Balsamico-Essig
Salz & Pfeffer,
1 Msp. Rosmarin,
1 Msp. Paprikapulver
einige Tropfen Süßstoff
Artischocken

ZUBEREITUNG:

Fleischtomate, Paprika und Balsamico-Essig in den Mixtopf geben und **10 Sek./Stufe 4** mischen. Salz, Pfeffer, Rosmarin, Paprikapulver und einige Tropfen Süßstoff hinzufügen und **5 Sek./Stufe 5** mischen. Die Artischocken warm servieren. Blatt für Blatt auszupfen und in den Dip tauchen.

Tortellini-Salat

(10 Portionen) pro Person: 5,5 *.

ZUTATEN:

500 g trockene Tortellini mit Fleischfüllung
300 g gek. Schinken, mager
500 g Cocktailtomaten
1 Glas Mayonaise (250 ml)
1 Becher saure Sahne (250 g)
1 Hand voll Basilikumblätter
1 Bund Schnittlauch
3 EL heller Balsamico-Essig
½ EL Thymian, trocken

ZUBEREITUNG:

Tortellini im Kochtopf aufkochen und abkühlen lassen. Schinken in Streifen schneiden. Cocktailtomaten halbieren oder vierteln. Mayonaise, saure Sahne, Basilikum, Schnittlauch, Balsamico und Thymian in den Mixtopf geben **1 Min./Stufe 5–6** mixen. Bis alles zerkleinert ist. Mit Salz und Pfeffer würzen. Alles in eine Schüssel geben, vorsichtig vermengen und kalt stellen.

Wiesensalat mit Kartoffelvinaigrette

(2 Personen) pro Person: 2 *.

ZUTATEN:

1 mittelgroße Kartoffel
½ l Gemüsebrühe
600 g Frühlingssalate und -kräuter (z.B. Rauke, Kerbel, Sauerampfer)
125 ml fettarme Milch
Salz & Pfeffer
Süßstoff, flüssig
3 EL Weißweinessig
2 Scheiben Toastbrot

ZUBEREITUNG:

Kartoffel schälen, würfeln und in den Mixtopf geben. Gemüsebrühe in den Mixtopf füllen **10 Min./100 °C/Stufe 3** garen. Salate bzw. Kräuter in mundgerechte Stücke zupfen und auf Tellern anrichten. Milch zur Kartoffelbrühe geben und **10 Sek./Turbo** pürieren.
Mit Salz, Pfeffer, Süßstoff, Weißweinessig abschmecken. Toastbrot würfeln und in einer beschichten Pfanne fettfrei anrösten. Nun Salat mit warmen Dressing beträufeln und mit Croûtons bestreut servieren.

Ziegenkäse-Dip

1,5 *.

ZUTATEN:

1 Knoblauchzehe
3 schwarze Oliven
45 g Ziegenkäse (ersatzweise Schafskäse)
3 EL Magerquark
4 EL fettarme Milch
Salz & Pfeffer
1 TL Kräuter der Provence

ZUBEREITUNG:

Knoblauchzehe **8 Sek./Stufe 4** zerkleinern. Oliven, Ziegenkäse, Magerquark, Milch in den Mixtopf geben und **20 Sek./Stufe 5** mixen. Mit Salz, Pfeffer und Kräuter der Provence abschmecken.

Apfel-Käse-Aufstrich

(8 Personen) pro Person: 1 *.

ZUTATEN:

- 1 Apfel
- 30 g Blauschimmelkäse (50% Fett i. Tr.)
- 1 TL Zitronensaft
- 3 EL Schmand
- 150 g Magerquark
- 2 EL Apfelsaft
- ½ TL bunte Pfefferkörner

ZUBEREITUNG:

Apfel in Stücken in den Mixtopf geben und **10 Sek./Stufe 5** zerkleinern. Blauschimmelkäse **3 Sek./Stufe 3** untermischen. Zitronensaft, Schmand, Magerquark und Apfelsaft zufügen und **10 Sek./Stufe Kochlöffel** mixen. Mit Salz, Pfeffer abschmecken und mit bunten Pfefferkörnern bestreut servieren.

Aufstrich mit Ei und Tomate

pro Person: 1 *.

ZUTATEN:

- 150 g Frischkäse (30 g Fett i. Tr.)
- 125 g fettarmer Joghurt
- 3 EL Mineralwasser
- Salz & Pfeffer
- Paprikapulver
- 1 Tomate
- 1 hart gekochtes Ei
- Schnittlauchröllchen

ZUBEREITUNG:

Käse mit Joghurt und dem Mineralwasser in den Mixtopf geben und mit den Gewürzen **10 Sek./Stufe 3** verrühren. Falls noch zu dick mit etwas Wasser auffüllen. Tomaten und Ei in Würfel schneiden und **kurz/LL** unterrühren lassen. In Schälchen füllen und mit Schnittlauch nach Belieben bestreuen.

Geflügelleberwurst

ca. 800 g gesamt: 9 *.

ZUTATEN:

500 ml Wasser
1–2 TL Suppengrundstock
200 g Hähnchenleber
250 g Putenbrust
1 Bund Lauchzwiebel
1–2 Knoblauchzehen oder gedünstete Zwiebeln
Salz & Pfeffer
Thymian, Majoran oder Kräuter der Provence

ZUBEREITUNG:

Wasser und Suppengrundstock in den Mixtopf geben. Die Hähnchenleber und die Putenbrust in grobe Würfel schneiden. Die Lauchzwiebeln, in Ringe schneiden und alles in den Mixtopf geben. **30 Min./Varoma®/Stufe 1** aufkochen. Brühe abgießen und beiseite stellen. Die Masse mit Salz, Pfeffer, Thymian, Majoran oder Kräuter der Provence nach Geschmack würzen. Knoblauchzehen zugeben und alles **20 Sek./Stufe 10** pürieren. Immer etwas Brühe angießen, bis eine streichfähige Masse entsteht. Masse in kleine Twist-Off Gläser füllen, diese kann man im Wasserbad ca. 50 Min. einkochen, bis die Deckel fest sind. Oder aber im Kühlschrank aufbewahren.

Gemüsecreme-Aufstrich

(4 Personen) pro Person: 1 *.

ZUTATEN:

2 Karotten
1 rote Paprikaschote
1 kleine Zucchini
150 g Magermilch-Joghurt
8 TL Mayonnaise (20% Fett)
1 EL Zitronensaft
1 Bund Schnittlauch
Salz & Pfeffer
1 EL Pinienkerne

ZUBEREITUNG:

Karotten, Paprika und Zucchini **20 Sek./Stufe 4** zerkleinern. Joghurt, Mayonnaise, Zitronensaft **10 Sek./Stufe Kochlöffel** mixen, Schnittlauch in Ringe schneiden und unterheben. Mit Salz und Pfeffer abschmecken. Pinienkerne unterheben **10 Sek./Stufe Kochlöffel**.

Italienischer Brotaufstrich

(4 Personen) pro Person: 1 *.

ZUTATEN:

2 Tomaten
1 Bund Rucola
4 EL Hüttenkäse
4 EL geriebenen Pecorino (32% Fett)
1 EL Balsamico-Essig
Salz & Pfeffer

ZUBEREITUNG:

Tomaten und Rucola in den Mixtopf geben und **10 Sek./Stufe 3** mischen, Hüttenkäse zugeben **8 Sek./Stufe 4** mischen. Pecorino und Balsamico Essig zugeben und nochmals **10 Sek./Stufe 3** mixen. Mit Salz und Pfeffer abschmecken.

Linsen-Brotaufstrich

(1 Person) pro Person: 4 *.

ZUTATEN:

40 g rote Linsen,
250 ml Gemüsebrühe (1 TL Instant)
1 Knoblauchzehe
1 Paprikaschote
30 g Frischkäse (30% Fett i. Tr.)
1 EL Zitronensaft
1 TL Senf, mild
1 EL Schnittlauchringe
Salz & Pfeffer
½ TL Ingwer
2 Scheiben Knäckebrot

ZUBEREITUNG:

Linsen trocken ins Garkörbchen und die Gemüsebrühe in den Mixtopf **10 Min./100 °C/Stufe 2** garen. Abgießen, abkühlen lassen. Knoblauchzehe kurz **Turbo** zerkleinern. Paprikaschote **15 Sek./Stufe 4** zerkleinern. Linsen dazugeben. Frischkäse **3 x Turbo** pürieren. Zitronensaft, Senf und Schnittlauchringe zugeben und **10 Sek./Stufe 4** mixen. Mit Salz, Pfeffer und gemahlenem Ingwer abschmecken. In einen verschließbaren Behälter geben und mit Knäckebrot mitnehmen.

(4 Personen) pro Person: 2 *.

Orientalischer Brotaufstrich

ZUTATEN:

80 g Bulgur
2 Tomaten
2 schwarze Oliven, kernlos
2 Frühlingszwiebeln
½ Bund Petersilie
2 EL Schafskäse (45% Fett i. Tr.)
2 EL Zitronensaft
Salz & Pfeffer

ZUBEREITUNG:

Bulgur ins Garkörbchen geben, ins Wasser stellen und ca. 30 Minuten einweichen. Tomaten, Oliven und Frühlingszwiebeln in den Mixtopf geben und **10 Sek./Stufe 5** zerkleinern (Spatel zur Hilfe nehmen) und in eine Schüssel füllen. Nicht spülen. Petersilie **2 x kurz Turbo** zerkleinern. Schafskäse und Zitronensaft in den Mixtopf geben **20 Sek./Stufe 3** mischen. Bulgur gut abtropfen lassen und mit dem Gemüse und der Schafskäsemasse vermengen. Mit Salz und Pfeffer abschmecken.

(2 Personen) pro Person: 3,5 *.

Tomaten-Oliven-Brotaufstrich

ZUTATEN:

6 getrocknete Tomaten ohne Öl
6 grüne Oliven
2 EL Frischkäse (16% Fett)
4 EL Joghurt (1,8% Fett)
1 TL Apfelessig
(oder ein anderer heller Essig)
italienische Kräuter nach Geschmack
Salz & Pfeffer
1 Pr. Zucker

ZUBEREITUNG:

Getrocknete Tomaten in heißem Wasser 10 Minuten einweichen, abtropfen und trocken tupfen. Tomaten und Oliven ca. **10 Sek./Stufe 8** zerkleinern. Restliche Zutaten dazugeben und ca. **10 Sekunden/Stufe 5** verrühren. Je 1 Scheibe Brot dazugeben – so hat alles nur 3,5 *.

Amarettini-Pudding

(3 Portionen) pro Portion: 3 *.

ZUTATEN:

30 Stück Amarettini
500 g Milch (1,5%),
30 g Süßstoff
30 g Speisestärke
1 Ei

ZUBEREITUNG:

Amarettini in den Mixtopf geben und **10 Sek./Turbo** mit MB zerkleinern. Milch, Süßstoff, Speisestärke und Ei dazugeben **7 Min./100 °C/Stufe 3** ohne MB kochen.

Bananen-Erdbeer-Lasagne

(6 Stücke) pro Stück: 5 *

ZUTATEN:

2 kleine Bananen
250 g Erdbeeren
2 Orangen, filetiert
1 Papaya
2 Eier
20 g Butter (davon 15 g Butter)
2 EL Zucker,
Salz
2 EL Schmand
1 EL saure Sahne
300 g Magerquark
2 EL Vanillepudding
60 ml fettarme Milch
1 Vanilleschote
1 TL Zimtpulver
Chilipulver
8 Lasagneblätter, trocken
2 TL Mandelblättchen

ZUBEREITUNG:

Bananen, Erdbeeren, Orangen filetieren und Papaya in Stücke bzw. Scheiben schneiden. Eier trennen und Eiweiß in den Mixtopf geben. **3 Min./Stufe 3** steif schlagen und umfüllen. 15 g Butter, Zucker, 2 Eigelb und 1 Prise Salz **2 Min./Stufe 3** schaumig schlagen. Schmand, saure Sahne, Magerquark, Vanillepudding, Milch, Mark von 1 Vanilleschote, Zimtpulver und 1 Prise Chilipulver in den Mixtopf geben. Eiweiß dazugeben und alles **1 Min./ Stufe Kochlöffel** verrühren. Auflaufform (24 x 28 cm) mit restlicher Butter einfetten. Lasagneblätter, Quarkcreme und Früchte abwechselnd einschichten, dabei mit der Quarkcreme abschließen. Mit den Mandelblättchen bestreuen und auf mittlere Schiene bei 180 °C (Gas: Stufe 2) ca. 35 Min. backen.

pro Person: 3,5 *.

Buttermilch-Vanille-Soufflé

ZUTATEN:

2 Eier
3 EL Zucker
80 ml Buttermilch
75 g Vanillejoghurt (3,5% Fett)
1 Vanilleschote
4 EL Mehl
1 Pr. Salz
2 TL Aprikosenkonfitüre
2 TL gehackte Pistazien
1 TL Margarine

ZUBEREITUNG:

Eier trennen und Eiweiß in den Mixtopf geben **3 Min./Stufe 3** steif schlagen und umfüllen. Zucker und Eigelb in den Mixtopf geben **2 Min./Stufe 3** schaumig mixen. Buttermilch, Vanillejoghurt, Vanilleschote (das Mark davon), Mehl, Salz, Aprikosenkonfitüre und gehackte Pistazien **1 Min./Stufe 4** mischen. Kleine Soufflé-Formen mit Margarine einfetten, Masse einfüllen und im vorgeheizten Backofen im Wasserbad auf mittlerer Schiene bei 200 °C (Gas: Stufe 3) ca. 20 Min. backen.

(2 Portionen) pro Portion: 1,5 *.

Erdbeer-Kokos-Eis

ZUTATEN:

300 g gefrorene Erdbeeren
70 ml Milch (0,3%)
1 geh. TL (5 g) Kokosnuss Pulver
Süßstoff oder Zucker (extra*)

ZUBEREITUNG:

Die gefrorenen Erdbeeren auf **Stufe 10** pulverisieren. Mit dem Spatel die Reste von den Wänden nach unten schieben. Milch, Süßstoff/Zucker und Kokosnusspulver hinzufügen und auf **Stufe 4–5** cremig rühren.

Variante: Auch lecker schmeckt die Variante mit einer Banane, dann etwas weniger Milch hinzufügen. Oder: Mehr Milch und weniger Früchte ergibt einen leckeren Fruchtshake.

(2 Portionen) pro Person: 1,5*.

Grießcreme

ZUTATEN:

250 g Milch, 1,5%
2 EL Grieß (kein Maisgrieß)
Süßstoff nach Geschmack
½ TL Backpulver

ZUBEREITUNG:

Schmetterling einsetzen. Milch in den Mixtopf einwiegen. Grieß hinzugeben **2,5 Min./100 °C/Stufe 2** kochen. Mit Süßstoff abschmecken Temperatur ausschalten. Backpulver hinzugeben und **4–5 Min./Stufe 3** rühren lassen. In Dessertschälchen füllen und erkalten lassen. Mit ganzen oder pürierten Früchten servieren.

(20 Stücke) 1 Stück: 2,5 *.

Bananen-Rührkuchen

ZUTATEN:

2 kleine Bananen (200 g)
2 EL Zitronensaft
50 g Joghurt
140 g Halbfettmargarine
150 g Zucker
4 Eier
310 g Mehl
2 TL Backpulver

ZUBEREITUNG:

Bananen in Stücken in den Mixtopf geben und **8 Sek./Stufe 7** zerkleinern. Zitronensaft, Joghurt, Margarine, Zucker, Eier, Mehl und Backpulver dazugeben und **2 Min./Stufe 4** verrühren. Eine Kastenform (26 cm) mit Backfolie auslegen, Teig einfüllen und im vorgeheizten Backofen bei 175 °C (Gas: Stufe 2) ca. 60 Min. backen. Kuchen auskühlen lassen und aus der Form stürzen.

(20 Stücke) 1 Stück: 3 *.

Buttermilch-Orangen-Kuchen

ZUTATEN:

1 P. Orangeat (100 g)
130 g Halbfettmargarine
160 g Zucker
Süßstoff, flüssig
1 TL Vanillezucker
4 Eier
280 g Mehl
1 TL Backpulver
80 ml Buttermilch
100 ml Orangensaft, ohne Zucker
davon 2 EL für die Glasur
abgeriebene Schale einer Orange
120 g Puderzucker

ZUBEREITUNG:

Orangeat in den Mixtopf geben und **10 Sek./Stufe 7** zerkleinern. Halbfettmargarine, Zucker, einige Tropfen flüssiger Süßstoff, Vanillezucker, Eier, **1 Min./Stufe 3** schaumig schlagen. Mehl, Backpulver, Buttermilch, Orangensaft und abgeriebene Schale einer Orange zugeben und **3 Min./Stufe 4** einen Teig herstellen. Das Orangeat dazugeben und nochmals **10 Sek./Stufe 2** unterrühren. Kastenform (26 cm) mit Backfolie auslegen, Teig in die Form füllen und im vorgeheizten Backofen bei 200 °C (Gas: Stufe 3) ca. 60–80 Min. backen. In der Form auskühlen lassen und stürzen. Puderzucker mit dem restlichen Orangensaft glatt rühren und den Kuchen damit überziehen.

Glühwein Gewürzkuchen

(20 Stücke) 1 Stück: 3 *.

ZUTATEN:

100 ml Früchtetee
1 TL Glühweingewürz (bzw. 1 Beutel)
160 g Halbfettmargarine
160 g Zucker
Süßstoff
1 TL Vanillezucker
4 Eier
150 g Weizenvollkornmehl
140 g Mehl 405
2 TL Backpulver
100 g Schokoladenstreusel
2 EL Puderzucker

ZUBEREITUNG:

Früchtetee und Glühweingewürz in den Mixtopf geben und **5 Min./LL/Stufe 1** aufkochen lassen (2 EL abnehmen). Halbfettmargarine, Zucker, einige Tropfen Süßstoff, Vanillezucker und Eier dazugeben und **30 Sek./Stufe 4** mischen. Weizenvollkornmehl, Mehl, Backpulver und Schokoladenstreusel zum Glühwein dazugeben und nochmals **3 Min./Stufe 3** verkneten. Eine Kastenform (26 cm) mit Backfolie auslegen, Teig einfüllen und im vorgeheizten Backofen bei 200 °C (Gas: Stufe 3) ca. 60 Min. backen. In der Form abkühlen lassen und stürzen. Puderzucker mit dem restlichen Glühweintee mischen und in einen kleinen Gefrierbeutel füllen, eine kleine Ecke abschneiden und den Kuchen damit verzieren.

Ingwertüten knusprig

(36 Stücke) pro Stück: 1 *.

ZUTATEN:

125 g Marzipan (Rohmasse)
90 g Puderzucker
1 Eiweiß
40 g Mehl
65 ml Milch
2 EL Sahne (30% Fett)
Mark von 1 Vanilleschote
½ TL Ingwer, gerieben oder Pulver
50 g Kuvertüre, halbbitter

ZUBEREITUNG:

Marzipan, Puderzucker, Eiweiß, Mehl und Milch in den Mixtopf geben **8 Sek./Turbo** pürieren. Sahne, Vanilleschotenmark und Ingwer zugeben **30 Sek./Stufe 4** mischen. Umfüllen und 2 Stunden ruhen lassen. Eine Schablone von 8 cm Durchmesser ausschneiden. Ein Backblech mit Bratfolie auslegen und mit Hilfe der Schablone den Marzipan-Teig dünn auf das Backblech streichen. Im vorgeheizten Backofen bei 200 °C (Gas: Stufe 3) ca. 5 Min. backen. Die Kreise noch warm zu Tüten zusammen drehen und auf einem Küchengitter auskühlen lassen. Kuvertüre im Wasserbad oder in der Mikrowelle schmelzen. Die Ränder der Ingwertüten hinein tauchen und auf einem Küchengitter trocknen lassen.

Tutti Frutti Kuchen

(20 Stücke) 1 Stück: 2,5 *.

ZUTATEN:

HEFETEIG:
480 g Mehl
1 Würfel Hefe
80 g Halbfettmargarine
125 ml fettarme Milch
90 g Zucker
Salz
Zitronenschale
Saft von einer ½ Zitrone
2 Eier

BELAG:
400 g Kirschen
500 g Mandarinen
400 g Äpfel
300 g Pflaumen

ZUBEREITUNG:

Mehl, Hefe, Margarine, Milch, Zucker, Eier, 1 Prise Salz, ein wenig Zitronenschale und den Saft von einer halben Zitrone in den Mixtopf geben **3 Min./Brotstufe**. 20 Min. gehen lassen. Ein mit Backfolie ausgelegtes Backblech mit Teig belegen und nochmals ca. 10 Min. gehen lassen. Kirschen entsteinen, Mandarinen abtropfen lassen. Äpfel entkernen, in Spalten schneiden. Pflaumen entsteinen und halbieren. Teig mit Kirschen, Mandarinen, Äpfeln und Pflaumen bunt belegen und im Backofen auf der mittleren Schiene bei 180 °C (Gas: Stufe 2, Umluft: 160 °C) ca. 40 Min. backen.

Brot mit Schafskäsefüllung

(20 Scheiben) 1 Scheibe: 2 *.

ZUTATEN:

FÜR DEN TEIG:
200 g Vollkornmehl
200 g Weizenmehl
100 g Roggenmehl
1 Würfel frische Hefe
Salz
250 ml Wasser

FÜR DIE FÜLLUNG:
210 g Schafkäse
2 grüne Peperoni
2 Schalotten
200 g Champignons
200 g Karotten
100 g Mais (Konserve)
3 EL Sojasoße

ZUBEREITUNG:

Alle Zutaten für den Teig in den Mixtopf geben und **3 Min./Brotstufe** verarbeiten und 30 Min. gehen lassen. Schafskäse, Peperoni, Schalotten, Champignons, Karotten und Mais im Mixtopf **5 Sek./Stufe 7** zerkleinern. Alles mit der Sojasoße mischen und 5 Min. ziehen lassen. Brotteig ausrollen, Gemüsemasse auf eine Hälfte des Teigs geben und die andere Brotteighälfte darüber schlagen. Brot auf ein mit Backfolie ausgelegtes Backblech setzen und im Backofen auf 200 °C ca. 25 Min. backen. Brot herausnehmen, mit Alufolie abdecken und ca. 25 weitere Min. backen.

Bunte Kartoffel-Gemüse Pizza

(12 Stücke) 1 Stück: 3 *.

ZUTATEN:

1 kg Kartoffeln
90 g saure Sahne
2 EL Mehl
4 Eier
1 EL Schnittlauch
1 EL gehackte Petersilie
Salz & Pfeffer
Thymian
Oregano

ZUBEREITUNG:

Kartoffeln schälen und in den Mixtopf geben **30 Sek./Stufe 10** zerkleinern. Saure Sahne, Mehl, Eier, Schnittlauch in Ringe geschnitten und gehackte Petersilie dazugeben und **30 Sek./Stufe 6** mischen. Mit Salz, Pfeffer, Thymian und Oregano abschmecken. Backblech mit Backfolie auslegen, Masse darauf verteilen und im Backofen auf der mittleren Schiene bei 200 °C (Gas: Stufe 3, Umluft: 180 °C) ca. 20 Min. vorbacken. Soße und Belag siehe Rezept 2.

Bunte Kartoffel-Gemüse Pizza 2

(20 Stücke) 1 Stück: 2,5 *.

ZUTATEN:

SOSSE:
4 EL Tomatenmark
4 EL Senf (mittelscharf)
30 g saure Sahne

FÜR DEN BELAG:
200 g Champignons
1 rote & 1 grüne Paprikaschote
1 Bund Frühlingszwiebeln
100 g Mais (Konserve)
40 g schwarze Oliven, entkernt
160 g Käse

ZUBEREITUNG:

Pizzateig auf einem leicht eingefetteten Backblech ausrollen. Tomatenmark, Senf und saure Sahne in den Mixtopf geben **10 Sek./Stufe 4** mischen. Mit Oregano und Thymian würzen. Die Masse auf den Pizzaboden verstreichen. Champignons in Scheiben, Paprikaschote in Streifen und Frühlingszwiebeln in Ringe schneiden. Die Zutaten auf den bestrichenen Pizzateig verteilen dazu noch Mais und Oliven geben. Den Käse in Stücken **6 Sek./Stufe 7** zerkleinern und auf der Pizza verteilen. Im Backofen auf der mittleren Schiene bei 180 °C (Gas: Stufe 2, Umluft: 160 °C) ca. 20 Min. backen.

Chinesischer Gemüsekuchen

(12 Stücke) pro Stück: 2,5 *.

ZUTATEN:

FÜR DEN HEFETEIG:
280 g Mehl
½ Würfel Hefe
150 ml lauwarmes Wasser
Salz & Pfeffer
5 TL Sesamöl (oder Pflanzenöl

FÜR DEN BELAG:
300 g Bambussprossen
20 g Shiitakepilze, getrocknet
3 rote Paprikaschoten
1 Zucchini
150 g Sojasprossen
100 g Mais (Konserve)
4 Eier
2 EL helle Sojasoße
2 TL gehackter Koriander
4 TL Sesam

ZUBEREITUNG:

Alles Zutaten für den Teig in den Mixtopf geben **3 Min./Brotstufe**. Umfüllen und 30 Min. gehen lassen. Teig ausrollen und auf ein mit Backfolie ausgelegtes Backblech geben. Bambussprossen einweichen, in Stücke schneiden. Shiitakepilze in Streifen schneiden. Paprikaschoten und Zucchini im Mixtopf **5 Sek./Stufe 5** zerkleinern. Gemüse mit Sojasprossen und Mais mischen und auf dem Teig verteilen. Eier, Sojosoße und Koriander im Mixtopf **10 Sek./Stufe 4** mischen. Gemüsekuchen mit Sesam bestreuen und im Backofen auf 180 °C ca. 20 Min. backen.

Fisch auf Gemüse

(8 Portionen) 1 Portion: 3 *.

ZUTATEN:

750 g gekochte Kartoffeln
500 g Fleischtomaten
500 g Salatgurke
500 g Champignons
2 TL Pflanzenmargarine
900 g Zanderfilet
4 TL gekörnte Brühe
Salz & Pfeffer
100 g Tomatenmark
300 g passierte Tomaten
¼ l Gemüsebrühe (2 TL Instant)
3 EL Kräuter (TK)

ZUBEREITUNG:

Kartoffeln und Fleischtomaten **5 Sek./Stufe 7** zerkleinern und in eine große Schüssel umfüllen. Salatgurke und Champignons **5 Sek./Stufe 7** zerkleinern zu den Kartoffeln und den Tomaten geben und alles in der Schüssel mischen. Ein tiefes Backblech mit Margarine fetten, Gemüse und Zanderfilet darauf verteilen. Mit Brühe, Salz und Pfeffer bestreuen. Tomatenmark, passierte Tomaten, Gemüsebrühe und Kräuter in den Mixtopf geben und **10 Sek./Stufe 4** mischen über den Fisch und das Gemüse geben. Fisch auf Gemüse im Backofen auf 180 °C ca. 20 Min. backen.

Gemüse-Eierkuchen

(12 Stücke) pro Stück: 2 *.

ZUTATEN:

1 kg Karotten
500 ml Wasser
800 g Champignons
5 Stangen Lauch
Salz & Pfeffer
2 TL Pflanzenmargarine
9 Eier
250 ml Milch
2 EL Schmand
4 TL französische Kräuter (TK)

ZUBEREITUNG:

Karotten in Scheiben schneiden, in den Varoma® legen. Wasser in den Mixtopf füllen und **15 Min./Varoma®/Stufe 1** dämpfen. Champignons in Scheiben schneiden. Lauch in Ringe schneiden. Ein tiefes Backblech mit Margarine einfetten und Gemüse schuppenförmig einschichten. Eier, Milch, Schmand, Salz & Pfeffer und französische Kräuter in den Mixtopf füllen und **20 Sek./Stufe 4** rühren und über das Gemüse gießen. Blech in den Backofen schieben und im Backofen auf 200 °C ca. 20 Min.backen.

TIPP: Dazu schmecken vorzüglich Ofenkartoffeln und Baguettebrot.

Kabeljau-Spinat-Pizza

(12 Stücke) 1 Stück: 3 *.

ZUTATEN:

300 g Mehl
½ Würfel frische Hefe
4 TL Olivenöl
Salz
1 TL gehackter Oregano
1 TL gehacktes Basilikum

BELAG:

8 EL Tomatenmark
700 g Spinatblätter (oder 500 g TK)
600 g Kabeljaufilet
1 Zwiebel
2 Knoblauchzehen
4 EL Pinienkerne
80 g Emmentaler

ZUBEREITUNG:

Mehl, Hefe, Olivenöl, Salz, Oregano und Basilikum in den Mixtopf geben **3 Min./Brotstufe** kneten. Umfüllen und 30 Min. an einem warmen Ort gehen lassen. Teig ausrollen, auf ein mit Backfolie ausgelegtes Backblech legen und mit Tomatenmark bestreichen. Spinatblätter in Salzwasser oder **10 Min./Varoma®** blanchieren. Kabeljaufilet in Streifen schneiden. Zwiebel, Knoblauchzehen und Pinienkerne in den Mixtopf **3 Sek./Stufe 5** zerkleinern. Spinat, Knoblauch, Kabeljau, Zwiebel und Pinienkerne mischen und auf der Pizza verteilen. Den Käse in Stücken **6 Sek./Stufe 7** zerkleinern und dann auf der Pizza verteilen und im Backofen 200 °C ca. 25 Min. backen.

Knuspriger Gemüse-Tofu-Kuchen

(12 Stücke) 1 Stück: 2,5 *.

ZUTATEN:

MÜRBETEIG:

240 g Vollkornmehl
120 g Halbfettmargarine
1 Ei
1 Pr. Salz
3 EL Wasser

BELAG:

400 g Zwiebeln
400 g Champignons
Salz & Pfeffer, Muskatnuss
400 g Strauchtomaten
100 g Tofu
1/8 l Gemüsebrühe (1 TL Instant)
2 TL Olivenöl
1 TL Senf, mittelscharf

ZUBEREITUNG:

Vollkornmehl, Halbfettmargarine, Ei, Salz und Wasser in den Mixtopf geben **30 Sek./Stufe 5** verkneten. Mindestens 20 Min. kühl stellen. Ausrollen und auf ein mit Backfolie ausgelegtes Blech geben. Zwiebeln in Ringe und Champignons in Scheiben schneiden. Beides in beschichteter Pfanne fettfrei andünsten. Mit Salz, Pfeffer und geriebene Muskatnuss würzen. Strauchtomaten vierteln und mit den Zwiebelringen und Champignonscheiben mischen. Tofu, Gemüsebrühe, Olivenöl und Senf in den Mixtopf geben und **20 Sek./Stufe 9/10** pürieren. Über das Gemüse geben. Gemüse-Tofu-Kuchen im Backofen auf 200 °C ca. 25 Min. backen.

Pikante Käse-Paprika-Muffins

(12 Stücke) 1 Stück: 3 *.

ZUTATEN:

200 g Mais (Konserve)
2 kleine rote Paprikaschoten
90 g Provolone
(ersatzweise Cheddar)
½ Bund Petersilie
TEIG:
120 g Mehl
120 g Maismehl, feines
1 Ei · Salz
1½ TL Backpulver
3 EL Pflanzenöl
2 EL Mineralwasser
1 EL Zucker
125 ml Milch

ZUBEREITUNG:

Mais in den Mixtopf geben und **5 Sek./Stufe 7** zerkleinern und umfüllen. Paprikaschoten **5 Sek./Stufe 7** zerkleinern, dann umfüllen. Provolone und Petersilie im Mixtopf grob auf **Stufe 5** zerkleinern. Teigzutaten in den Mixtopf geben. **30 Sek./Stufe 4** verrühren. Teig mit Mais, Paprika, Petersilie, Käse mischen. Muffin Teig in Muffin Förmchen füllen, auf ein Backblech setzen und im Backofen auf 180 °C ca. 25 Min. backen. Muffins abkühlen lassen und servieren.

Pizza Athen

(12 Stücke) 1 Stück: 4,5 *.

ZUTATEN:

FÜR DEN TEIG:
250 g Maismehl
250 g Weizenmehl
1 Würfel frische Hefe
Zucker · 1 Eigelb · Salz
200 ml lauwarmes Wasser
1 kg Schweinefleisch, mager
3 TL Gyros Gewürz
2 EL Öl
600 g Brokkoli
500 ml Wasser
2 gelbe Paprikaschoten
4 rote Zwiebeln
Salz & Pfeffer
120 g Kirschtomaten, frisch

ZUBEREITUNG:

Alle Zutaten für den Teig in den Mixtopf geben und **3 Min./Brotstufe** kneten. 30 Min. gehen lassen. Auf einem mit Backfolie ausgelegten Blech ausrollen. Schweinefleisch in Streifen schneiden, Gyros Gewürz dazugeben und mischen, 20 Min. ziehen lassen. Öl in einer Pfanne geben und Fleisch darin anbraten. Brokkoli in Röschen teilen in den Varoma® legen Wasser in den Mixttopf einfüllen und **10 Min./Varoma®/Stufe 1** dämpfen. Paprikaschoten **5 Sek./Stufe 7** zerkleinern und umfüllen. Zwiebeln vierteln dann im Mixtopf **8 Sek./Stufe 9** zerkleinern und umfüllen. Brokkoli, Zwiebeln, Paprika und Fleisch in der Pfanne kurz mischen, mit Salz und Pfeffer abschmecken und auf dem Teig verteilen. Im Backofen auf 180 °C ca. 25 Min. backen. Ca. 5 Min. vor Ende der Backzeit die ganzen Kirschtomaten darauf verteilen.

Schichtgemüse à la Greek

(4 Portionen) 1 Portion: 4,5 *.

ZUTATEN:

2 Squash (mini Kürbis)
2 Salatgurken
1 kleine Aubergine
6 Fleischtomaten
2 Zwiebeln
2 TL Olivenöl
3 Knoblauchzehen
90 g Manouri (oder Feta)
1/8 l Gemüsebrühe (1 TL Instant)
300 g saure Sahne
Kräutersalz & Pfeffer
1 TL Thymian
1 TL Basilikum

ZUBEREITUNG:

Kürbis, Salatgurken, Aubergine, Fleischtomaten und Zwiebeln in Scheiben schneiden. Im Mixtopf **3 Sek./Stufe 7** zerkleinern. Ein tiefes Backblech mit Öl einpinseln und Gemüsescheiben schuppenförmig überlappend darauf schichten. Knoblauchzehen im Mixtopf **8 Sek./Stufe 5** zerkleinern. Manouri, Gemüsebrühe und saure Sahne dazugeben und **30 Sek./Stufe 4** vermixen. Mit Kräutersalz und Pfeffer, Thymian und Basilikum abschmecken. Schichtgemüse im Backofen auf 220 °C ca. 25 Min. backen.

Spinat-Karotten-Kuchen

(12 Stücke) 1 Stück: 3 *.

ZUTATEN:

TEIG:
200 g Mehl
90 g Halbfettmargarine
3 Eigelb
4 EL Wasser

FÜLLUNG:
1 Zwiebel
400 g Karotten
400 g Spinat (TK)
¼ l Gemüsebrühe (2 TL Instant)
Salz & Pfeffer
geriebene Muskatnuss
250 ml Milch
4 Eier
4 EL Schmand

ZUBEREITUNG:

Teigzutaten in den Mixtopf geben **3 Min./Stufe 4** verkneten umfüllen und 30 Min. kaltstellen. Zwiebel in den Mixtopf geben **3 Sek./Stufe 10** zerkleinern und in einer beschichteten Pfanne fettfrei andünsten. Karotten in kleine Stücke schneiden, Spinat, Gemüsebrühe, Salz, Pfeffer und Muskatnuss in den Mixtopf geben und **6 Min./LL/Stufe 2** köcheln lassen. Abschmecken, gut abtropfen lassen und zur Seite stellen. Mürbeteig dünn ausrollen, auf ein mit Backfolie ausgelegtes Backblech geben und die Gemüsemasse darauf verteilen. Milch, Eier und Schmand in den Mixtopf geben und **10 Sek./Stufe 3** mischen und gleichmäßig über den Spinat-Karotten-Kuchen gießen. Blech auf 180 °C ca. 30 Min. backen.

(12 Stücke) 1 Stück: 4,5 *.

Ungarischer Blechkuchen

ZUTATEN:

FÜR DEN TEIG:
350 g Mehl
175 g Halbfettmargarine
Salz · 4 EL Wasser

FÜR DEN BELAG:
1 Gemüsezwiebel
2 gelbe & 2 rote Paprikaschoten
1 Frühlingszwiebel
100 g Mais (Konserve)
210 g saure Sahne
200 ml Gemüsebrühe (2 TL Instant)
Pfeffer
80 g Geflügelsalami
80 g geriebener Käse

ZUBEREITUNG:

Alle Zutaten für den Teig in den Mixtopf geben **2 Min./Brotstufe** kneten. Ca. 30 Min. kühl stellen. Teig ausrollen und auf ein mit Backfolie ausgelegtes Backblech geben. Gemüsezwiebel **5 Sek./Stufe 8** zerkleinern. Frühlingszwiebel und Paprikaschoten **5 Sek./Stufe 5** zerkleinern. Alles auf dem Teig verteilen. Mais, saure Sahne, Gemüsebrühe, Pfeffer, Geflügelsalami in den Mixtopf **30 Sek./Stufe 3** zerkleinern, den Käse untermengen und über das Gemüse geben. Nun im Backofen auf 200 °C ca. 30 Min. backen.

(12 Stücke) 1 Stück: 3,5 *.

Würziger Champignon-Lauch-Kuchen

ZUTATEN:

FÜR DEN MÜRBETEIG:
280 g Mehl
1 Pr. Salz
140 g Halbfettmargarine
3–4 EL Wasser

FÜR DEN BELAG:
160 g Käse
3 Stangen Lauch
500 g Champignons
100 g Mais (Konserve)
3 EL Schmand
Pfeffer
Paprikapulver
1 EL gehacktes Basilikum

ZUBEREITUNG:

Alle Zutaten für den Mürbeteig in den Mixtopf füllen und **2 Min./Brotstufe** verkneten und 20 Min. kühl stellen. Ausrollen und auf ein mit Backfolie ausgelegtes Backblech geben. Käse im Stück kurz **2x Turbo** zerkleinern. Lauch in Ringe, Champignons in Scheiben schneiden und mit Mais mischen. Gemüse mit Schmand vermengen, mit Salz, Pfeffer und Paprikapulver würzen, auf den Teig geben und im Backofen auf 200 °C ca. 20 Min. vorbacken. Champignon-Lauch-Kuchen mit geriebenem Käse bestreuen und nochmals bei 200 °C ca. 20 Min. backen. Champignon-Lauch-Kuchen mit Basilikum bestreuen, in Stücke schneiden und servieren.

Zucchini-Tomaten-Kuchen

(12 Stücke) 1 Stück: 4 *.

ZUTATEN:

TEIG:
260 g Mehl
130 g Halbfettmargarine
1 Eigelb
Salz

FÜR DEN BELAG:
800 g Fleischtomaten
1 kg Zucchini
250 g Mozzarella
125 ml fettarme Milch
60 ml Sahne (30% Fett)
Pfeffer
Chilipulver
geriebene Muskatnuss

ZUBEREITUNG:

Teigzutaten in den Mixtopf füllen **2 Min./Brotstufe** verkneten. Umfüllen und 20 Min. kühl stellen. Mürbeteig dünn ausrollen (hauchdünn) und auf ein mit Backfolie ausgelegtes Blech geben. Fleischtomaten und Zucchini in Scheiben schneiden und auf den Teig schichten. Mozzarella, Milch und Sahne in den Mixtopf geben **20 Sek./Stufe 4** mixen und mit den Gewürzen abschmecken. Über das Gemüse gießen und im Backofen auf der mittleren Schiene bei 200 °C (Gas: Stufe 3, Umluft: 180 °C) ca. 30 Min. backen.

Landhaus-Team GmbH
Ihr Rezepteshop aus dem Norden

Abnehmen mit System

für den Thermomix

Band 1